AF305614

CINQUANTENAIRE PASTORAL

DE

M. LOUIS VERNES

PASTEUR DE L'ÉGLISE RÉFORMÉE

PRÉSIDENT DU CONSISTOIRE DE L'ÉGLISE RÉFORMÉE DE PARIS

1841 — 1891

Nauroy et Batignolles, deux églises et deux ministères; deux églises, l'une de campagne et l'autre de ville, qui présentent entre elles quelque rapport par la dissémination de leurs membres et par la physionomie individuelle qu'elles ont gardée, deux ministères successifs, dont l'un a duré dix ans, dont l'autre dure depuis quarante ans et qui ont été l'un et l'autre essentiellement consacrés à l'évangélisation, dans le même esprit de joyeuse obéissance envers Dieu et de charité envers les faibles.

Batignolles, qui possède M. Louis Vernes depuis quarante ans, a réclamé l'honneur de le fêter le premier. Nauroy ne lui a pas disputé ce privilège, mais il a su à son tour témoigner de la manière la plus délicate et la plus touchante son attachement à son ancien pasteur.

Nous donnerons, dans l'ordre où elles ont eu lieu, un récit abrégé de ces deux fêtes, en publiant les discours qui ont pu être rédigés. On se consolera difficilement de ne pas retrouver in-extenso l'allocution pleine de saveur chrétienne, prononcée par M. le pasteur L. Vernes à Batignolles, et de ne pas voir figurer à la fin de cette brochure les paroles paternelles qu'il a adressées à son ancienne église de Nauroy (1). Mais si les mots s'envolent, les actes restent, et les deux églises, qui ont eu le privilège de l'avoir pour pasteur, conserveront l'empreinte ineffaçable qu'il leur a laissée en s'efforçant de graver dans les âmes l'image de Jésus-Christ.

------

(1) Cette brochure aurait dû paraître l'année dernière. De douloureuses circonstances de famille, une succession presque ininterrompue de maladies et de deuils ont empêché de la publier en temps utile. On a pensé qu'il valait mieux la faire paraître aujourd'hui, malgré ses lacunes, que de renoncer à lui faire voir le jour. Que les nombreux amis, qui ont apporté à M. L. Vernes l'expression si vivement sentie de leur affection chrétienne, reçoivent, avec nos excuses pour ce retard, nos bien sincères remerciements pour la joie qu'ils ont procurée à notre cher pasteur. Il s'est senti puissamment encouragé dans son ministère par ces marques de sympathie, qui lui font désirer de travailler avec une nouvelle force au salut des âmes et à l'avancement du règne de Dieu.

N. B. — Nous avons pu joindre à ces lignes le portrait de M. Louis Vernes, grâce à l'obligeance de M. le pasteur Jean Monnier, qui nous a communiqué le cliché fait par ses soins pour le rapport de la Société Centrale.

TEMPLE DE BATIGNOLLES

BATIGNOLLES

24 MAI 1891

Le dimanche 24 mai 1891 a été un beau jour pour l'Eglise
Réformée de Batignolles. Au culte du matin on interrogeait
déjà d'un œil curieux les murs ornés de feuillage, de fleurs,
de banderoles tricolores, déployées par notre jeunesse, qui
ne veut pas séparer dans son cœur l'amour de l'Evangile de
l'amour de la France. On lisait, sur des écussons placés au-
dessus de la chaire, ces mots significatifs :

Espérance. Foi. Charité.

Ailleurs : Force. Travail. Reconnaissance. Dieu est Amour.

Ceux qui n'étaient pas dans le secret — ils étaient rares
— se demandaient ce qui allait se passer. Ce qui allait se
passer ? Une chose bien simple et bien belle. La paroisse
de Batignolles, avec un grand nombre d'amis apparte-
nant aux autres paroisses de Paris et à nos diverses Eglises
évangéliques, allait remercier Dieu publiquement de lui
avoir donné pour conducteur spirituel celui qu'elle honore
comme un serviteur de Christ et qu'elle aime comme un
père dans la foi, M. le pasteur Louis Vernes.

Trois heures approchent. Les pasteurs de la paroisse, de
l'Eglise Réformée de Paris et des autres Eglises évangéliques se pressent dans la salle de la Bibliothèque, trop
étroite pour la circonstance. Les membres du Conseil presbytéral et du Diaconat sont là. Ils ont été chercher M. Louis
Vernes chez lui, pour le conduire au Temple. L'un d'eux

prend la parole. C'est M. Croll. Il présente à M. L. Vernes
un magnifique album, revêtu de plus de quinze cents signatures : « Autant de signatures, autant de cœurs qui vous
aiment. » M. Fines prend la parole à son tour. Il offre à
M. L. Vernes, au nom des signataires de l'Album, un chronomètre de grand prix, qui l'aidera à mesurer le temps dont
il fait un si bon usage, avec la précision qu'il affectionne.
A l'intérieur a été gravée cette belle devise biblique : « Mes
temps sont en ta main » (1). Le cortège se forme. On entre
dans le Temple. Grâce aux dispositions prises près de mille
personnes ont réussi à y pénétrer, sinon à s'y asseoir. Les
membres de la famille sont groupés en face de la chaire.
M. L. Vernes prend place dans un fauteuil au milieu de ses
enfants, de ses petits-enfants, des nombreux parents réunis
pour cette belle fête. Un chœur retentit et exprime la joyeuse
émotion qui remplit les âmes. M. le pasteur de Visme, dans
une fervente prière, se fait l'organe de la reconnaissance du
troupeau et de l'Eglise et demande à Dieu de bénir pour
les fidèles les pieux souvenirs de ce jour. M. Charles Vernes
donne lecture de quelques passages de l'Ecriture sainte.

Epitre aux Ephésiens, chapitre IV, versets 11 à 16 :

« Lui-même donc (Jésus-Christ) a donné les uns pour
être apôtres, les autres pour être prophètes, les autres
pour être évangélistes et les autres pour être pasteurs et
docteurs; pour l'assemblage des saints, pour l'œuvre du
ministère, pour l'édification du corps de Christ; jusqu'à
ce que nous soyons tous parvenus à l'unité de la foi et
de la connaissance du Fils de Dieu, à l'état d'homme fait,
à la mesure de la stature parfaite de Christ : afin que
nous ne soyons plus des enfants, flottants et emportés par
le vent de toutes sortes de doctrines, par la tromperie des
hommes et par l'adresse qu'ils ont à séduire artificieuse-

(1) Psaume XXXI, 16.

ment; mais afin que, suivant la vérité avec la charité, nous croissions en toutes choses dans celui qui est le chef, savoir Christ; dont tout le corps bien proportionné et bien joint par la liaison de ses parties qui communiquent les unes aux autres, tire son accroissement, selon la force qu'il distribue dans chaque membre, afin qu'il soit édifié dans la charité. »

Evangile selon Saint Jean, ch. XVII, v. 20 et 21 :

« Or, je ne prie pas seulement pour eux, mais je prie aussi pour ceux qui croiront en moi par leur parole; afin que tous ne soient qu'un, comme toi, Père, tu es en moi et moi en toi; qu'eux aussi soient en nous et que le monde croie que c'est toi qui m'as envoyé. »

Esaïe, XL, 31 :

« Ceux qui s'attendent à l'Eternel reprennent de nouvelles forces; les ailes leur reviennent comme aux aigles. Ils courront et ne se fatigueront point, ils marcheront et ne se lasseront point. »

M. Charles Vernes prononce ensuite l'allocution suivante :

Il est doux pour un fils, associé depuis nombre d'années au ministère de son père, de prendre part au public hommage qui lui est rendu par tant d'amis empressés, par tant d'âmes auxquelles il a fait du bien.

Il y a cinquante ans, presque jour pour jour, que mon père a prêché à Batignolles pour la première fois. C'était le 23 mai 1841. Il avait alors 26 ans. Il arrivait de Strasbourg, où il avait soutenu sa thèse et reçu la consécration, après avoir fait ses études théologiques à Lausanne sous la direction de Vinet. Il avait prêché peu auparavant dans l'église de Waldersbach, au Ban de la Roche, qui lui rappelait son cher Oberlin, le type à ses yeux du ministère chrétien qui poursuit le salut de l'homme sans oublier la vertu sociale de l'Evangile.

La même année il se mariait et prenait, dans le nord de la France, la direction de la paroisse de Nauroy. Je n'ai conservé de cette église de campagne, où se sont écoulées nos premières années, que des souvenirs trop enfantins pour être rappelés ici. Mon père y a passé dix ans, constamment occupé à visiter ses nombreuses annexes, parcourant à cheval jusqu'à seize lieues par jour, groupant les protestants disséminés, évangélisant les catholiques, secourant les pauvres, chéri de tous, entretenant avec ses collègues des relations qui ont abouti à la fondation de la Société Centrale protestante d'Evangélisation et de l'Ecole Préparatoire de Théologie de Batignolles.

Nommé pasteur à Batignolles à la fin de 1850, il fut installé dans sa nouvelle paroisse le 4 mai 1851, par MM. les pasteurs Juillerat et Grandpierre.

Batignolles ne ressemblait guère à ce qu'il est aujourd'hui. Ce n'était plus un simple faubourg de Clichy, comme à une époque plus reculée de notre histoire. C'était encore moins, comme à présent, une ville de 160,000 âmes. La commune suburbaine de Batignolles-Monceaux occupait, entre le mur d'enceinte et les fortifications, l'espace qui remplit aujourd'hui le 17e arrondissement de Paris. Nos boulevards extérieurs étaient paisibles et plantés de grands ormes. Le chemin de fer de Ceinture n'existait pas. Un groupe important d'habitations entourait la Mairie, dont le clocher, visible au loin dans la plaine, servait de signe de ralliement. Des constructions moins nombreuses occupaient les abords de l'Arc-de-Triomphe. Ailleurs c'étaient des terrains vagues et des champs où paissaient les vaches, où ondulaient les épis.

Mon père n'était pas seulement pasteur de Batignolles, mais aussi de Passy, de Montmartre, de la Villette, de Belleville, de Saint-Denis. Son champ de travail s'étendait de la Seine à la Seine, du Point-du-Jour à Bercy, embrassant d'immenses espaces qui se sont peuplés de plus en plus et où se sont constituées deux paroisses, filles de Batignolles, la paroisse de Belleville et celle de Passy.

Aujourd'hui notre paroisse ne comprend plus que deux arrondissements de Paris, le 17e et le 18e avec la banlieue correspondante et les communes de Neuilly, Levallois, Clichy, Saint-Ouen, Aubervilliers, Courbevoie, Colombes, Asnières, Gennevilliers, Saint-Denis, etc., espace encore bien vaste, habité par une population de 600,000 âmes et dans lequel 12,000 protestants environ réclament nos soins. Grâce à la bonté de Dieu et au concours de chrétiens dévoués des temples se sont élevés, à l'Etoile, où a retenti longtemps la voix puissante de M. Bersier, que notre Eglise ne se console pas de ne plus entendre, à Neuilly, à Clichy, à Montmartre, à Bois-Colombes; des pasteurs ont été placés à la tête de nos différents troupeaux, des écoles se sont fondées; l'évangélisation a pu marcher de front avec les travaux de la charité. Je ne parle pas des œuvres entreprises et poursuivies à côté de nous avec fruit et avec zèle par nos frères luthériens et wesleyens ou par la mission Mac All.

Dès le début de son ministère à Batignolles mon père se préoccupa d'assurer à son action pastorale la base solide, que les Eglises protestantes ont cherchée de tout temps dans la constitution d'un bon enseignement primaire, confié à des maîtres pieux et éclairés. Il créa d'abord une école mixte, qui ne tarda pas à se dédoubler en une école de garçons et une école de filles, auxquelles vint s'ajouter un asile maternel. Notre paroisse a possédé là un magnifique groupe scolaire, qui réunissait environ quatre cents enfants, sous la direction d'instituteurs dévoués, et qui formait la véritable pépinière de notre église. Nos écoles protestantes de Batignolles, communalisées d'abord, ensuite laïcisées, sont désormais perdues pour notre Église, mais elles ont conservé des maîtres sympathiques dont l'influence bienfaisante sur la jeunesse est appréciée encore aujourd'hui par les parents de toute opinion. A côté de Mme Lesur, toujours sur la brèche, comment ne pas nommer ici cet éducateur distingué autant que modeste, ce type de l'instituteur chrétien, M. Bronner, dont les élèves conservent, bien des années après sa mort, l'ineffaçable souvenir. Je ne parle pas de cet orphelinat, qui complétait notre groupe scolaire, et qui continue à rendre de si grands services, non seulement à notre paroisse, mais à toute l'Eglise de Paris.

Mon père a été admirablement secondé à Nauroy et dans les débuts de son ministère à Batignolles par ma mère, plus tard par celle qui a été pour nous une seconde mère et que vous avez vue à l'œuvre dans les bons et dans les mauvais jours, et en particulier pendant la guerre et la commune, alors que la maison de mes parents était transformée en ambulance et qu'ils consacraient leurs jours et leurs nuits au soin des blessés.

Combien de collaborateurs et d'amis on aimerait à rappeler, chères figures vénérées que nous ne reverrons plus ici-bas mais qui revivent dans notre pensée. Il en est deux cependant que je ne puis passer sous silence.

L'un, c'est M. Beigbeder, alors adjoint au maire de Batignolles, qui représentait notre paroisse au Consistoire et qui déployait au service de l'Evangile un zèle ardent et pacifique. Pédagogue distingué, habile à diriger les volontés sans les contraindre, on lui doit la fondation de l'Institution Duplessis-Mornay, aujourd'hui disparue après avoir rendu tant de services au protestantisme. Nous sommes heureux de le voir remplacé dans les conseils de notre Eglise par son fils, qui porte dignement un nom respecté. L'autre, c'est M. Charles Picard, qui se réjouissait de célébrer avec nous cette belle fête, après avoir été pour mon père, pendant tant d'années, un ami si dévoué, un si actif collaborateur, et dont tous ici nous portons le deuil. Il est parti pour ce séjour de la paix où la justice habite, soutenu jusqu'à son dernier souffle par une foi pleine de sérénité et d'espérance.

Je ne puis songer ici à embrasser et à décrire dans ses différentes branches le ministère de mon père, ce ministère si varié, si fécond, si ordonné, où l'élasticité de l'esprit subsiste sous l'effort et reste à l'abri de la fatigue et du découragement, où les décisions sont à la fois si promptes et si sûres, où tant de bonté s'unit à tant de fermeté, où l'art de faire appel aux concours les plus divers s'unit au labour personnel le plus soutenu, où la compassion pour la misère et l'indignation contre le mal ne réussissent pas à ébranler le robuste optimisme chrétien d'une foi qui excelle à discerner le bien, partout où il se rencontre, et qui compte sur Dieu pour en assurer la victoire. Si je ne puis retracer le ministère de mon père, je voudrais au moins le résumer d'un mot, pour en tirer une leçon profitable à chacun de nous, et pour cela je relèverai ce trait entre beaucoup d'autres, c'est que chez lui la parole a toujours été au service de l'action, l'action au service de Jésus-Christ, dans la personne de tous, mais surtout des pauvres, des petits et des faibles.

En terminant je formerai trois vœux, dont l'accomplissement causerait à mon père la plus grande joie.

Le premier, c'est que tous les membres de notre chère Eglise réformée qui habitent notre paroisse, de l'avenue de la Grande-Armée à la rue d'Aubervilliers, du Boulevard Extérieur à la boucle de la Seine qui nous sépare d'Argenteuil, unissent leurs forces dans une action commune, pour répondre aux besoins des âmes dans cet immense champ de travail. Nous avons beau multiplier les efforts, nous ne réussissons pas à remplir toutes les pressantes obligations qui nous incombent, dans le double domaine de l'évangélisation et de la charité. Songez à ces milliers d'enfants que nous avons peine à disputer aux influences irréligieuses et auxquels nous voudrions assurer le bienfait d'une solide éducation chrétienne, à ces misères sans nom réfugiées dans des quartiers sordides, dans d'ignobles masures, où sont réduites à vivre des créatures humaines que nous appelons nos frères et nos sœurs en Jésus-Christ. Qu'un lien plus étroit de solidarité s'établisse entre les diverses parties de notre grande paroisse, entre les familles riches de la Plaine Monceau et les pauvres du quartier des Epinettes, de Montmartre, de Levallois, de Clichy, de Saint-Ouen. Je n'ai garde de méconnaître ce qui se fait déjà, mais je dois ajouter que c'est peu de chose auprès de ce qui reste à faire et j'adresse à cet égard un pressant appel à tous ceux qui peuvent nous aider de leurs prières, de leur activité ou de leurs dons.

Mon second vœu, c'est que les chrétiens protestants, qui composent nos troupeaux, ne se contentent pas d'être les membres plus ou moins zélés d'une Eglise qu'ils affectionnent et à laquelle les rattachent de précieux souvenirs, mais que chacun poursuive en silence sous le regard de Dieu, après lui avoir donné son cœur, l'œuvre de sa sanctification individuelle; que les parents et les enfants soient de plus en plus pénétrés du sentiment de leurs devoirs réciproques; que nos familles protestantes deviennent des familles exemplaires, que notre paroisse enfin soit une société modèle, capable de montrer autour d'elle ce que doit et ce que peut devenir la société régénérée par l'action de l'Evangile.

Mon troisième vœu, qui se rattache étroitement au précédent, c'est que nous apprenions de plus en plus à nous aimer, à nous supporter, à nous pardonner, à nous entr'aider, à porter les fardeaux les uns des autres. « A ceci, disait Jésus-Christ, le monde connaîtra que vous êtes mes disciples, si vous avez de l'amour les uns pour les autres. » Que Dieu nous donne de réaliser cette parole du Maître. C'est ainsi que nous travaillerons de la manière la plus efficace à l'avancement du règne de Dieu dans notre Eglise, dans notre patrie, dans le monde.

M. Fines, doyen du Conseil presbytéral de Batignolles, prend à son tour la parole au nom de ses collègues et du troupeau :

Très honoré et cher Pasteur,

Le regretté doyen de notre Conseil presbytéral et du Diaconat, votre ami de quarante ans, M. Ch. Picard, a été recueilli dans l'éternel repos au moment où il songeait joyeusement aux mesures à prendre pour la célébration du cinquantième anniversaire de votre entrée dans le champ du Seigneur. Comme il aimait à parler

de ce jour qu'il ne devait pas voir! C'est lui qui devait
être à la place que j'ai le privilège inattendu d'occuper.
Dieu a donné à ce brave cœur, en échange de cette vive
satisfaction qu'il espérait sur la terre, un rassasiement
de félicité immuable dans le ciel. C'est là notre consolation !

Je réponds, je le sais, à l'un de vos désirs, M. le pasteur, en évoquant le souvenir, quelque douloureux qu'il
soit, de ce vaillant collaborateur. Avant de donner un
libre cours à la joie dont nos cœurs débordent en cette
journée, j'éprouvais le besoin de rendre un suprême
hommage à cette mémoire qui restera toujours vénérée
dans la paroisse qu'il a tant aimée et constamment servie.

Oui, c'est un grand bonheur pour nous de fêter solen-
nellement le cinquantenaire de votre pastorat avec cette
nombreuse et sympathique assemblée accourue dans ce
Temple, où pendant quarante années déjà vous avez
annoncé, avec insistance et fidélité, Jésus, le seul Sauveur des âmes, Fils unique de Dieu, mort pour nos
offenses et ressuscité pour notre justification!

Souffrez que nous rendions un éclatant et respectueux
hommage à ce ministère sacré, tissu du plus grand zèle
pour l'avancement du règne de Dieu, ainsi qu'en témoi-
gnent les Eglises créées ou développées par vos efforts
(de 1841 à 1851) dans l'Aisne et le Nord. Je détache
d'une chronique de la consistoriale de Saint-Quentin
(dont vous fûtes le président), un paragraphe qui le dit
mieux que mes paroles :

« En 1849, à la suite d'une prédication qu'il donna
« dans le temple de Montbrehain dépendant de sa pa-
« roisse, M. Louis Vernes, pasteur à Nauroy, fut invité
« à tenir une réunion religieuse chez l'un de ses audi-
« teurs, catholique venu de Fresnoy. Ce fut l'origine d'un

« mouvement qui s'étendit rapidement à d'autres com-
« munes environnantes. Les besoins devinrent tels que
« la Société Chrétienne du Nord dût établir, en 1851, un
« premier poste de pasteur à Fresnoy pour la desserte
« de cette Eglise naissante et de nouveaux lieux de culte ;
« un second fut créé à Grougis, en 1853. Fresnoy a été
« érigé en paroisse par décret du 21 mars 1874. »

Quarante années n'ont pas effacé la trace lumineuse de votre passage dans ces contrées où tant de cœurs battent encore à l'unisson des nôtres.

L'amour des âmes, qui vous a sans cesse dévoré, ne pouvait être circonscrit par les limites de votre première paroisse. Vous prîtes en main la direction de la Société Chrétienne du Nord presque dès son berceau ; et, sous l'impulsion de votre zèle ardent et généreux, son développement fut si rapide, qu'elle enveloppa bientôt dans son action bienfaisante tout le nord de la France.

Elle est la sœur aînée de la grande Société Centrale d'évangélisation, dont vous fûtes l'un des créateurs et dont vous êtes resté le secrétaire infatigable depuis sa fondation.

Le recrutement du corps pastoral a toujours été aussi l'objet de votre sollicitude. Si mes souvenirs sont fidèles, c'est le comité dont vous étiez l'âme, qui conçut l'idée d'une école où se formeraient des jeunes gens qualifiés pour peupler nos Facultés. Dès le début, quelques élèves, sous le patronage de la Société du Nord, se préparèrent dans l'institution Marzials, à Lille, en vue de leurs études théologiques. Plus tard, ces élèves en théologie furent transférés dans la famille de M. le pasteur Vivien, à Arras. Ils étaient alors cinq ! Enfin, l'Ecole, méritant vraiment le nom d'Ecole Préparatoire de théologie, fut installée près de vous, à Batignolles. Vous aviez dès lors la vive satisfaction de suivre le développement de cette institution nécessaire. Il a été rapide sous l'érudite et habile direction de M. le pasteur Boissonnas et de son digne successeur, M. le pasteur de Visme. Trente et un élèves présents, cent quatre-vingt-sept pasteurs en activité, qui y ont fait de solides études préparatoires et affermi leurs premières impressions religieuses! N'est-ce pas le grain de moutarde devenu un arbre fécondé par la rosée céleste? C'est une de vos grandes joies comme c'était une de vos aspirations.

J'ai là une lettre qui atteste combien vous avez eu toujours à cœur de procurer des ouvriers à la vigne du Seigneur. Elle m'est adressée par un pasteur, le seul qui reste de trois frères ayant successivement embrassé, grâce à vous, la carrière du ministère évangélique. Il me dit ses regrets de ne pas être au milieu de nous pour vous exprimer la profonde gratitude de toute sa famille dont vous avez fait le bonheur. L'aîné de ces trois pasteurs, mort dans son ambulance de l'armée de la Loire, quitta son métier à tisser sur vos instances pour aller dans votre pensionnat primaire à Nauroy. Je ne dis pas la suite, elle se devine. Il a laissé deux enfants : le fils, ancien élève de polytechnique, est capitaine d'artillerie à Fontainebleau; la fille, sortie de l'Ecole normale supérieure de Sèvres, est professeur au lycée de jeunes filles à La Fère. Voilà le fruit du bien semé en 1847 dans une famille de votre paroisse. Mon ami termine sa missive par Prov. ch. 22, verset 9 :

« L'homme bienfaisant sera béni de Dieu. »

Dans ce même ordre d'idées, voici des chiffres éloquents. La consistoriale de Saint-Quentin a donné trente-six pasteurs ou missionnaires, dont quatorze sont nés dans votre ancienne Eglise, qui vous est aussi chère qu'aux premiers jours.

Notre paroisse, durant les quarante années de votre pastorat, a aussi eu sa large part de la grande activité chrétienne que Dieu vous a donné de dépenser. Comme ses limites se sont étendues! Elle a acquis l'importance d'un diocèse! Elle a vu s'ouvrir bien des lieux de culte, s'édifier plusieurs églises par vos soins et vos libéralités. Je ne mentionnerai que les oratoires de Montmartre et de Bois-Colombes.

Un autre caractère dominant de votre saint ministère, c'est la charité sous toutes ses formes. Cette vertu royale, que Dieu vous a départie si largement, vous inspira la fondation de l'Orphelinat de la rue Clairaut. Joignant au précepte l'autorité de l'exemple, vous avez enseigné que « la religion pure et sans tache consiste à prendre soin de la veuve et de l'orphelin ». Dans cet asile, si maternellement dirigé, ouvert aux jeunes déshéritées, j'ai vu, respirant le bonheur et la santé, les deux fillettes *sans famille* rencontrées un soir à la porte d'un lieu public tendant aux passants une main glacée.

C'est l'amour de l'enfance et le désir d'assurer son développement intellectuel, moral et religieux dans votre paroisse, qui vous fit créer ce groupe scolaire important qui entoure l'Orphelinat. Vous réalisiez ainsi la maxime du roi sage : « Instruis le jeune enfant à l'entrée de sa « voie; lors même qu'il sera devenu vieux, il ne s'en « éloignera point. »

L'Eglise protestante de Paris, depuis bien des années, possédait pour les femmes malades, ne pouvant recevoir à domicile les soins médicaux, la maison hospitalière des Diaconesses. Rien n'existait pour les hommes isolés malades. Cette lacune préoccupait le bon docteur M. Morin.

La Cité des Fleurs fut créée à quelques pas d'ici. La direction en fut confiée aux très sympathiques époux, M. et Mme Pilate, si dévoués et si compétents. Votre concours diligent et généreux ne fit point défaut à cette belle œuvre dont le besoin s'est longtemps fait sentir. Transférée à Neuilly, cette maison de santé y est prospère et propriétaire de l'immeuble qu'elle y occupe. Vous en êtes le président actif et zélé. Car vous trouvez toujours, dans votre vaillante et verte vieillesse, qui est une seconde jeunesse, du temps à consacrer aux œuvres qui procèdent du noble sentiment chrétien.

La multiplicité des œuvres de bienfaisance dont vous vous occupez, les nombreux comités dont vous faites partie, ne vous ont pas empêché d'exercer personnellement la charité individuelle, ni fait négliger la cure d'âmes, base du ministère évangélique.

Les nécessiteux connaissent bien le n° 7 de la rue des Batignolles; jamais ils n'en sont sortis les mains vides. Que de misères, que de détresses, quelquefois momentanées, l'ont visité, toujours certaines d'y trouver un secours donné libéralement, de bon cœur, avec autant de discrétion que de délicatesse! Les paroissiens dans l'épreuve ont constamment trouvé auprès de vous une consolation, un sage conseil, une bonne parole appropriée à leur douleur. C'était la goutte d'huile bienfaisante versée sur la plaie! Les âmes abattues, les cœurs brisés y ont trouvé une source pure, rafraîchissante, fortifiante qui adoucit les peines les plus poignantes. Ces affligés (j'ai été du nombre), en quittant votre cabinet, éprouvaient la suave impression « qu'il y a certainement encore du baume en Galaad ».

L'année terrible vit cette maison hospitalière se transformer en ambulance. Après les combats meurtriers, on vous a vu, avec votre digne oncle, M. Félix Vernes, que le danger n'arrêtait pas non plus, relever les blessés, organiser à la hâte des ambulances dans les villages à demi-détruits par la mitraille. — J'avais un fils de dix-sept ans dans l'armée de Paris, volontaire pour la durée de la guerre. Un jour, le bruit effroyable de la canonnade me brisait le cœur. L'infanterie ne donnait point ; elle attendait, l'arme au pied, le signal du combat. La journée était glaciale! Mon fils vit M. Félix Vernes, ainsi que vous, distribuant aux soldats des boissons chaudes. Il se nomma. Le soir même, à onze heures, une obligeante dépêche de mon honorable et regretté chef me rassurait sur mon enfant.

Cher pasteur, voulez-vous me permettre de vous dire quatre vers qui m'ont frappé? Ils font si bien, me paraît-il, le tableau saisissant des cinquante années de votre apostolat! Les voici :

> Partout, portant un peu de baume à la souffrance,
> Au corps quelque remède, aux âmes l'espérance,
> Un secret au malade, au partant un adieu!
> Un sourire à chacun, à tous, un mot de Dieu.

Il m'est nécessaire de jeter un coup d'œil rétrospectif sur votre pieuse jeunesse (1) pour expliquer une si belle vie, tant de bien accompli, un dévouement qu'aucun devoir n'a jamais lassé. Permettez-moi de le faire brièvement, vénéré pasteur.

Dieu, qui se sert des choses les plus infimes pour réaliser les plus grandes, a voulu que la lecture d'une simple biographie laissât dans votre cœur la résolution de vous consacrer au pastorat. Il faut dire que c'était la belle et noble vie du pasteur Oberlin. Monsieur votre

(1) A vingt et un ans, M. Louis Vernes fut jugé digne d'entrer dans le Comité des Missions évangéliques.

père, dont le nom est inoubliable dans le monde financier comme parmi les protestants français, craignant que cette impression ne fût éphémère, voulut la soumettre à diverses épreuves. Il vous fit essayer de la carrière des armes en passant par l'Ecole polytechnique. Vous auriez pu cueillir des lauriers sur cette route, qui a conduit à la célébrité ou à la gloire tant de braves et de savants de votre promotion. Mais l'Eternel vous avait parlé ! Nouveau Samuel, vous dites : « Parle Seigneur, ton serviteur écoute ». Vous renonçâtes à la carrière militaire.

La sage volonté paternelle vous soumit à une nouvelle épreuve. Votre tendre obéissance filiale vous fit temporiser encore. Un stage, qui dura dix-huit longs mois, fut immédiatement commencé dans cette maison de banque renommée pour son intégrité, où, depuis presque un siècle, les hautes traditions d'honorabilité et d'exactitude n'ont point cessé, pas même un jour, d'être respectées. Dans cette carrière aussi, vous eussiez réussi; car les qualités professionnelles ne vous auraient pas manqué. Vous les eussiez promptement acquises à l'école de si grands maîtres.

Mais l'appel du Seigneur était tout puissant. Feu M. Charles Vernes, dont la piété était grande, ne demandant qu'à être convaincu que votre vocation pastorale était véritablement d'essence divine, n'hésita plus; il vous laissa suivre votre voie! Alors on vit ce fait unique, je crois : un jeune homme sorti honorablement de polytechnique, ensuite destiné à la haute banque, renonçant à deux grandes carrières, aller, poussé par l'Esprit saint, s'asseoir sur les bancs d'une Faculté de théologie! Bel exemple qu'on ne saurait trop faire connaître à la jeunesse protestante favorisée de la fortune, des dons de l'intelligence et du cœur.

D'abord vous fûtes le disciple de l'éminent professeur Vinet; puis vous prîtes vos grades officiels à Strasbourg. Votre premier sermon fut prêché dans la chaire illustrée par le bienheureux Oberlin. Vous fûtes élu pasteur le 16 juin 1841 par le Conseil presbytéral de Nauroy et installé par le vénérable président Colani, dans votre paroisse de campagne, le 19 septembre. Votre activité, dès ce moment, prit son essor. Un messager de l'Evangile ainsi préparé ne pouvait qu'être merveilleusement doué par l'Auteur de tout don parfait, de qui procède toute grâce excellente. Il a mis dans votre cœur le dévouement, la constance, toutes les flammes d'un zèle ardent et infatigable.

J'ai dit le secret de tout le bien que vous avez fait durant cinquante ans, de toutes les bénédictions qui reposent sur votre personne, sur votre famille, sur votre troupeau, dont j'ai l'honneur d'être l'élu et l'interprète. Il vous vénère avec amour, il éprouve pour vous, cher pasteur, les sentiments du plus fidèle attachement et du respect le plus profond. Chacun de vos paroissiens vous honore comme un père et vous l'aimez comme un enfant. Tous, nous vous entourons avec une tendresse et une sollicitude filiales.

Nous offrons à Dieu nos plus ardentes actions de grâces pour la faveur qu'il nous a faite en vous donnant et en vous conservant à la paroisse de Batignolles.

Qu'il me soit permis, en terminant, de rappeler ici un mot prononcé dans une autre enceinte et qui vous était bien justement appliqué. L'éminent orateur que nous allons entendre et que l'Eglise entière vénère dans son épreuve, a dit dans l'élan d'un cœur ému en vous désignant : L'honorable président universellement aimé !

Nous réunissons tous nos vœux, bien cher et honoré pasteur, pour votre conservation à cette universalité d'affections dans la plénitude de vos belles et riches facultés, jusqu'au jour, bien lointain encore, où Dieu vous réunira à la famille céleste, en vous donnant la couronne de gloire et d'immortalité réservée aux rachetés.

J'ai dit.

Un membre de l'Union chrétienne, M. Alexandre Berthault, lit une poésie, composée par une dame de notre Eglise :

Autour du chêne vigoureux,
Dont les rameaux couvrent le temple,
Nous formons un cercle joyeux
Qui, d'un même amour, le contemple.

C'est du meilleur de notre cœur
Que nous fêtons l'anniversaire,
Rappelant de notre pasteur
La longue et si belle carrière.

Jeunes et vieux veulent s'unir
Pour vous présenter leur hommage.
Chez les vieux c'est un souvenir !
C'est l'espoir pour tout le jeune âge.

Chez tous c'est le désir ardent
De vous prendre pour leur modèle,
Et, jetant le cri : En avant !
De suivre vos pas avec zèle.

Que Dieu vous garde bien longtemps,
Toujours vaillant, à notre tête,
C'est le souhait que vos enfants
Offrent au ciel en cette fête.

L'assemblée entonne le Psaume 118ᵉ, versets 10 et 11.

Pendant le chant de ce psaume, M. le pasteur Dhombres monte en chaire. L'assistance suit des yeux avec une douloureuse sympathie ce pasteur vénéré, qui semble lui être devenu doublement cher, depuis qu'une mystérieuse dispensation de la Providence l'a privé de la vue. Il parle au nom de l'Eglise Réformée de Paris et s'adresse à l'assemblée en ces termes :

Il y a plus de cinquante ans, un jeune homme sortait de l'Ecole polytechnique et, déjà sur le seuil d'une brillante carrière, il se sentait appelé de Dieu à le servir plus directement en embrassant la vocation pastorale. Ce jeune homme, après avoir obtenu de sa famille l'autorisation d'aller étudier la théologie à Lausanne, sous la direction de Vinet, entra dans le ministère et devint, pendant une période de dix années, pasteur d'une humble paroisse du nord de la France où sa foi et son dévouement ont laissé des traces qui subsistent encore.

Transportons-nous à un demi-siècle de distance. Nous trouvons le jeune pasteur de Nauroy à Paris, entouré, comme un patriarche, d'une nombreuse famille d'enfants et de petits-enfants, dans un presbytère qui rappelle, par sa riante simplicité, un presbytère de campagne : demeure bénie où se sont succédé les rayons et les ombres, où s'accomplissent en ce moment d'heureuses fiançailles et où la paix de Dieu n'a cessé de régner, dans les bons comme dans les mauvais jours! A côté de

cette famille, il en possède une autre, beaucoup plus nombreuse, c'est sa paroisse : celle-là, composée d'enfants, de jeunes gens, d'hommes mûrs, de vieillards, de gens riches ou de moyenne condition qui l'entourent de respect; de pauvres — surtout de pauvres — qui s'attendent à lui comme à un père. Ce pasteur les connaît tous; il sait leur histoire intime, il a reçu leurs confidences sympathiques. De plus, au sein de ce troupeau, il a créé une vie paroissiale dans laquelle s'exercent toutes les activités. Il a fondé un orphelinat, organisé l'assistance des pauvres, multiplié les réunions fraternelles, les comités de couture, les écoles du dimanche et du jeudi — et tout cela, avec un ordre et une précision remarquables. Aidé par son fils, M. le pasteur Charles Vernes, qui est un autre lui-même, secondé par les anciens et les diacres qu'il a formés, il dirige une paroisse qui peut nous servir de modèle à tous! Et nous ne parlons pas des annexes importantes qu'il a su grouper autour de cette paroisse, des œuvres d'un intérêt général auxquelles il a donné, sans compter, l'appui de son expérience et de son rare sens pratique...
Ce pasteur, vous l'avez nommé; c'est celui que l'église de Batignolles reconnaissante entoure aujourd'hui de son plus profond respect, de son affection la plus attendrie : ce pasteur, c'est vous, cher et vénéré frère Vernes, dont nous célébrons avec tant de joie le cinquantenaire!

Laissez-moi vous le dire, je considère comme un grand honneur d'avoir à prendre la parole dans cette fête. Je suis heureux de rendre hommage ici au nom que vous portez — et que vous portez si dignement — car ce nom, universellement respecté, est synonyme de probité, d'intégrité, d'honneur, et il rappelle à tous le dicton antique :

honnête comme un huguenot. — Je suis heureux de rendre hommage, au nom de l'Eglise de Paris tout entière et du corps supérieur qui la dirige, non seulement au pasteur de Batignolles, mais aussi au président du Consistoire que ce corps a appelé et maintenu à sa tête depuis plus de vingt ans. La même foi, la même activité, la même puissance de travail, la même capacité d'administration, les mêmes principes chrétiens déployés par le pasteur de Batignolles, nous les retrouvons dans le président du Consistoire de Paris. Là, au milieu de ce corps, il est honoré et entouré de l'affection de tous, sans exception; là nous l'avons toujours vu exact, zélé, sage, impartial, l'impartialité étant chez lui la conséquence de son absolue droiture et de l'incorruptibilité de sa conscience, en sorte qu'on pourrait lui appliquer le mot du Modérateur du synode de 1872, le regretté pasteur Bastie : « Si j'étais tenté de fléchir, ce serait en faveur de la minorité, ce serait, non pas en faveur de mes amis, mais en faveur de ceux qui ne pensent pas comme moi ». Il ne me déplaît point de voir le pasteur de la modeste paroisse de Batignolles être le président du Consistoire de Paris, le représentant officiel de notre Eglise auprès des autorités constituées, auprès des ministres et du chef de l'Etat : cela affirme, en même temps que l'unité supérieure de notre Eglise, qu'aucune loi humaine ne saurait briser, l'égalité de nos paroisses, fidèles en cela à l'esprit de notre vieille discipline qui disait : « *Aucune église ne prétendra primauté sur une autre* ».

Et maintenant, cher frère, vous me demandez de ne plus parler de vous, car votre humilité s'en offense. — Mais si j'ai parlé de vous, c'est pour glorifier le Dieu que vous servez; c'est pour le remercier avec vous de ce

qu'il vous a donné d'être et de faire pendant cinquante
ans. — Lorsque, vous tournant vers le passé, vous
comptez les diverses étapes de votre vie, combien de
bénédictions vous y découvrez! La plupart de vos com-
pagnons de voyage sont tombés en chemin; — et vous
êtes debout, plein de force, plein de vaillance, jouissant
d'une verte vieillesse, portant allégrement un fardeau de
travail des plus considérables, à l'âge où plusieurs de
vos contemporains, l'honneur de notre Eglise, nous ont
été ravis, et lorsque de plus jeunes que vous sont hors
de combat ou viennent de disparaître..... Oh! n'est-il pas
vrai? comme Israël à Mitspa, vous voulez vous souvenir, vous voulez poser ici un mémorial, une pierre que
vous appellerez la *pierre de secours*, la *roche de déli-
vrance*, en vous écriant : *Eben Ezer! Jusqu'ici l'E-
ternel m'a secouru.* Et nous, vos parents, vos amis,
vos paroissiens, nous répétons en chœur ce cri d'action
de grâce : Eben Ezer! Eben Ezer!

Descendrai-je de cette chaire sans vous laisser une
parole à vous, membres de ce troupeau? C'est un grand
privilège et une grande responsabilité pour une église
de posséder deux pasteurs vraiment fidèles : répondez
aux appels qu'ils ne cessent de vous adresser et par
leur foi et par leur vie. Il me semble que cela sera!
Il me semble que le cinquantenaire de votre pasteur
marquera une période de progrès dans la vie religieuse
de sa paroisse. Cette fête chrétienne n'en est-elle pas
le gage? Vous avez voulu lui donner un caractère sacré. Ici, rien de mondain! Aucune mise en scène!
Aucune recherche de la gloire humaine! Nous aurions
pu nous donner rendez-vous à l'Oratoire, et la ca-
thédrale du protestantisme parisien se fût remplie
d'amis sympathiques. Vous avez voulu laisser à cette

journée son caractère intime et paroissial. Vous avez
voulu rester dans la maison de prières de Batignolles,
témoin de vos émotions religieuses, toute pleine de vos
fêtes chrétiennes et de vos événements de famille : bap-
têmes, premières communions, mariages, deuils.....
Vous avez bien fait! Cela est digne de votre pasteur, cela
est digne de Dieu qui est glorifié par les choses sim-
ples..... Eglise de Batignolles, je ne dirai pas : Sois la
ville située sur une haute montagne, la lumière du
monde ; je dirai plutôt : Sois la petite lampe qui éclaire
tous ceux qui sont dans la maison! Eclaire-nous! Ré-
chauffe-nous! Fais-nous du bien! Et qu'aujourd'hui,
dans ton temple, il nous ait été donné de sentir au fond
de nos cœurs le saint frémissement du patriarche :
« C'est ici la maison de Dieu, c'est ici la porte des cieux ! »

M. le pasteur Paumier est, comme M. Dhombres, depuis
de longues années, un collègue et un frère d'armes de
M. Louis Vernes. La parenté qui les unit donne à son langage une note plus intime.

Cher Collègue et bien-aimé Frère,

Dans ce jour de joie et de bénédiction pour vous,
une parole m'est revenue à la mémoire, celle qu'il y a
bien des années, presque au début de votre ministère à
Paris, vous adressait notre cher et bienheureux frère
Adolphe Monod :

« Heureux pasteur d'une heureuse paroisse. »

Heureux pasteur! Oui, c'est du bonheur de se voir
ainsi fêté par un troupeau reconnaissant pour votre long
et fidèle ministère.

Heureuse paroisse! C'est du bonheur aussi pour

vous, mes frères, et un bonheur trop rare, que d'avoir ainsi conservé pendant quarante années l'activité dévouée d'un pasteur uniquement préoccupé de votre bien et de vos progrès spirituels.

Une paroisse! Dans ce milieu si peu favorable d'une grande ville, créer une paroisse, c'est-à-dire une grande famille chrétienne dont tous les membres, pasteur et fidèles, aient le même désir de servir leur divin Maître, et de gagner les âmes qui les entourent par la chaleur communicative de leur foi, de leur exemple et de leur charité, voilà l'idéal chrétien.

C'est bien ainsi, cher frère, que vous avez compris votre ministère, et que Dieu, dans une grande mesure, vous a fait la grâce de le réaliser.

Je me souviens encore de ce qu'était cette Eglise de Batignolles, alors séparée de Paris, mais offrant par cela même à votre activité un champ plus restreint, plus intime, où vous aviez plus de liberté pour agir.

Je me souviens de vos premières fondations; cet Orphelinat, l'une des joies et des couronnes de votre ministère; ces belles écoles qui depuis......, mais alors et pendant longtemps ont été comme la pépinière de l'Eglise.

Puis, quand par suite de l'annexion à Paris de la vaste banlieue qui lui servait de ceinture, votre champ de travail s'est agrandi, quand plus tard l'Eglise de Paris a pu organiser ces paroisses officieuses qui ont rendu de si grands services sans rompre, comme on l'a fait depuis, l'unité de l'Eglise, vous avez élevé vos efforts à la hauteur de votre nouvelle tâche.

Je me souviens de la fondation de ces centres nouveaux d'activité qui, comme de joyeux essaims sortis de la ruche mère, sont allés porter plus loin le mouvement et la vie.

A l'une des extrémités de la paroisse, Belleville, Montmartre, Charonne; — à l'autre extrémité, Passy, Auteuil, Boulogne, et ces centres devenant à leur tour, sous la direction de pasteurs dévoués et fidèles, des Eglises, puis des paroisses.

Je me souviens de votre persévérance à resserrer peu à peu les mailles un peu larges de ce vaste filet pour qu'aucun de nos disséminés ne pût échapper à l'influence de l'Evangile. — Nous nous sommes réjouis avec vous quand est venue se rattacher à notre Eglise, ainsi que son pasteur, l'œuvre si belle créée par notre bienheureux frère, Eugène Bersier; puis quand ces centres de Neuilly, de Clichy, de Bois-Colombes se sont fondés tour à tour, portant en eux les germes d'un nouvel essor et d'un heureux avenir.

Je me souviens et, dans ce jour surtout, je ne puis oublier la compagne de votre vie et de votre ministère à ses débuts, Augusta Sautter, et celle qui vous a secondé plus tard, Henriette Jauge, ces deux chrétiennes si vraiment femmes de pasteur et dont la mémoire est encore en bénédiction pour ce troupeau qu'elles ont édifié avec vous.

Je me souviens enfin, et je ne puis oublier la lourde tâche de président du Consistoire, si vaillamment remplie à travers les jours souvent difficiles qu'a dû traverser notre Eglise. Et maintenant je vous vois entouré de votre double famille :

Ce cercle béni d'enfants, de petits-enfants, d'arrière petits-enfants qui font comme une gracieuse couronne à votre verte vieillesse;

Puis cette famille de l'Eglise, non moins chère que la première, ces fidèles que vous avez édifiés, ces catéchumènes que vous avez instruits, ces affligés que vous avez consolés, et je bénis Dieu avec vous et pour vous des grâces qu'Il vous a faites, des preuves si nombreuses de sa fidélité.

En pensant à la bonté de ce Dieu qui fortifie notre foi, répare nos omissions, console nos tristesses, je répète avec reconnaissance cette parole du psalmiste :

« *Heureux quiconque craint l'Eternel, et marche dans*
« *ses voies. — L'Eternel te bénira de Sion et tu verras*
« *le bonheur de Jérusalem tous les jours de ta vie. —*
« *Tu verras des enfants à tes enfants ; que la paix soit*
« *sur Israël.* »

Et vous, mes frères, laissez-moi vous dire combien je vous félicite de n'avoir pas attendu l'heure de la retraite ou du départ de votre cher pasteur, pour lui témoigner votre reconnaissance.

Si vous saviez combien le pasteur a besoin de se sentir soutenu par votre sympathie, fortifié par la pensée qu'il vous a fait du bien, encouragé et porté par vos prières pour lui.

Il le sentait le grand apôtre des gentils, lorsque tant de fois dans ses Epîtres il réclamait les prières du troupeau.

Si Paul, tout apôtre qu'il était, en éprouvait le besoin, combien plus ne dirons-nous pas dans notre faiblesse :
« Mes frères, priez pour vos pasteurs, afin que Dieu
« bénisse leur ministère; afin que des portes nouvelles
« s'ouvrent à l'Evangile; afin qu'ils poursuivent leur
« œuvre, non avec tristesse, mais avec joie. »

Mais voulez-vous que cette journée soit vraiment bénie? Qu'elle devienne pour vous, comme pour vos pasteurs, la date d'une consécration nouvelle au service du Sauveur, la date d'une nouvelle activité.

S'il est une leçon que nous devons tous emporter d'ici,

c'est qu'il n'y a pas de joie meilleure et plus durable au monde que celle de servir Jésus-Christ; c'est qu'il n'y a pas de gloire au monde qui vaille pour le fidèle cet éloge suprême : « *Il est allé à Dieu en faisant son devoir.* »

Après cette allocution le chœur exécute un chant dont la musique a été composée par un membre de l'Union chrétienne, M. Camille Morel.

M. Lorriaux prend ensuite la parole, au nom des pasteurs de l'ensemble de la paroisse et de la Société Centrale, avec ce sérieux plein de bonne humeur qu'on lui connaît et cette émotion qui jaillit du fond de l'âme et parfois amène une larme à l'œil :

Que je voudrais, dans cette touchante réunion, pouvoir exprimer, comme je la ressens, l'affection qu'éprouvent pour M. le pasteur Louis Vernes tous ceux qui ont le bonheur de vivre dans son intimité et de travailler avec lui.

C'est que l'affection, la sympathie tendre, cordiale, tout imprégnée de loyauté et de simplicité, est le trait dominant de notre frère vénéré.

Comme il aime son troupeau, ses orphelines, ses anciens, ses amis, sa famille !

Quelle joie pour lui, lorsque, après une période de travaux non interrompus et parfois très prolongés, M. Vernes peut aller passer quelques heures dans l'intérieur de l'un de ses enfants ! Quel bonheur quand il les réunit à son foyer, le foyer central, si vraiment patriarcal !

C'est au nom d'une des filles aînées de M. L. Vernes, la Société Centrale d'évangélisation, que je prononce aujourd'hui quelques paroles.

On peut, en effet, appeler cette Société la fille de M. Vernes, puisqu'elle a été fondée par lui et quelques amis chrétiens, dont la plupart sont aujourd'hui dans le repos.

C'était en 1844; c'est dire que dans trois ans, Dieu voulant, notre cher pasteur présidera le cinquantenaire de cette Société qui a toujours été traitée par lui un peu en Benjamin. Si nous parlons de 1844, c'est qu'à cette date fût fondée par M. Vernes la Société Chrétienne du Nord, laquelle devint, en 1847, date de la fondation de la Société Centrale, la branche la plus importante de cette organisation.

Avec quel intérêt, éclairé, dévoué, persévérant, M. Vernes a suivi et suit toujours la marche de la Société! Comme, sous ses soins, elle a prospéré et grandi!

Après vingt-quatre années de collaboration, comme agent général de la Société, puis comme membre de la Commission exécutive, en même temps que pasteur de Clichy, j'aime à rappeler ce fait : que jamais entre nous il ne s'est élevé l'ombre d'une ombre d'un dissentiment; ces heures de collaboration dans l'œuvre du Maître sont et seront toujours parmi mes souvenirs les plus chers.

Que de fois, lorsqu'il s'agissait d'une question délicate à régler dans un poste de la Société, nous sommes partis le soir, M. L. Vernes et moi, pour nous entretenir avec les parties intéressées; nous arrivions le matin, au point du jour, pour rencontrer un pasteur fort surpris de notre visite matinale, et, vers midi ou le soir, nous repartions, laissant les affaires tout arrangées.

Qu'il me soit permis de rappeler les événements de 1870. Paris allait être bloqué dans quelques heures. Toute communication avec la Province allait être coupée.

M. Vernes réunit le Comité de la Société Centrale. Sur
sa proposition, l'agent général est délégué en province
pour veiller aux intérêts de la Société et de ses agents,
lesquels résident tous hors de Paris; M. Vernes prend
le délégué dans ses bras et lui donne sa bénédiction
paternelle. Que de fois cette étreinte affectueuse m'a
soutenu dans ma mission auprès de nos frères enve-
loppés par les ennemis, isolés, mitraillés, comme aban-
donnés!

Et après la guerre, quand je revins, je vous retrouvai,
cher frère, dans votre maison transformée en ambulance, secondé avec tant de dévouement et d'amour
chrétien par Mme Louis Vernes, dont le souvenir ne sera
jamais séparé du vôtre.

Et ce qui nous a tous soutenus, fortifiés, encouragés,
même dans les circonstances les plus critiques, c'est
votre calme, votre sérénité parfaite unie à tant de tendresse et de sensibilité vivante et profonde!

Cher et bien-aimé pasteur, ils sont nombreux ceux
dont les cœurs débordent d'affection et de reconnaissance pour vous; ils sont nombreux ici et dans ces églises du Nord, où votre ministère a laissé des traces bénies
et ineffaçables.

Il me sera permis, à moi, enfant des églises du Nord,
de raconter un trait de charité pacifique emprunté au
ministère de M. Vernes à Nauroy.

Notre vénéré pasteur possédait dans ce village une
maison dont beaucoup de ses paroissiens aspiraient à devenir les locataires, soit à cause de l'affection qu'ils éprouvaient pour M. Vernes, soit parce que le propriétaire
oubliait régulièrement de percevoir les loyers. Embar-
rassé du choix à faire, très attristé de ne pouvoir céder
la maison à tout le monde à la fois et de la voir devenir

une pomme de discorde, M. Vernes prit le parti de l'abattre. Ce que nul ne saura jamais, c'est combien de secours de loyer durent consoler les divers candidats à la maison et leur permettre de se loger ailleurs.

Il m'en coûte, cher et honoré frère, de dire si faiblement ce que ressentent pour vous et les églises éloignées qui ont eu le privilège de vous posséder, et les différentes sections de votre grande paroisse actuelle. Avec quels accents émus les pasteurs et les fidèles de *Montmartre*, de *Bois-Colombes* et de *Neuilly* vous diraient ce que ces églises vous doivent et ce qu'elles éprouvent pour vous !

Et si *Clichy* avait la parole, il en aurait long à dire; et l'*Etoile*, avec ses chers pasteurs! Que de fois notre vénéré président a réuni chez lui tous les pasteurs de la paroisse, et comme là nous avons appris à nous aimer encore davantage les uns les autres, à nous rapprocher, nous et nos troupeaux, les uns des autres !

Cher et honoré frère, le Comité de la Société Centrale protestante d'évangélisation et toutes ses branches, l'Ecole préparatoire de Théologie, son directeur, les professeurs et les élèves, auxquels vous et votre cher fils et dévoué collaborateur, M. le pasteur Charles Vernes, donnez tant de marques d'intérêt et d'attachement; les différentes sections de cette grande paroisse avec tous leurs pasteurs, vous entourent en ce moment de leur plus vive tendresse, et ils demandent à Dieu de vous conserver de très nombreuses années à vos deux familles : votre paroisse et tous les chers vôtres, enfants et petits-enfants.

L'attention, qui n'a pas langui, est portée à son plus haut point, quand M. le pasteur Louis Vernes monte en chaire, et prononce des paroles pleines de force, de franchise, de sève chrétienne que nous regrettons de ne pas pouvoir reproduire intégralement, dans leur simplicité pleine d'imprévu et de charme, telles qu'elles ont jailli de son cœur et de ses lèvres :

Mes frères, mes amis, vous comprendrez l'émotion que j'éprouve et les sentiments de vive gratitude qui remplissent mon cœur. Vous vous êtes dit peut-être : Nous allons donner de l'orgueil à M. Vernes. Quand on entend dire du bien de soi, ce n'est pas de l'orgueil que l'on ressent, c'est au contraire une profonde humiliation ! On sent combien ce qu'on a pu faire est peu de chose auprès du bien qu'on aurait voulu réaliser.

Mon fils, mon cher suffragant, avec lequel j'ai une si grande unité de sentiments, doit avoir dans cette circonstance sa grande part des témoignages de reconnaissance de la paroisse.

En prenant la parole, j'éprouve quelque embarras. On a rappelé déjà plusieurs des choses que je me proposais de dire. On a cité ce mot prononcé par M. Adolphe Monod, en bénissant mon union avec celle pour qui cette journée eût été si belle. M. Monod prononçait ces paroles : « Heureux pasteur d'une heureuse paroisse. » Je voudrais bien que cette paroisse se sentît heureuse, et quant à moi je suis en effet un pasteur heureux, avec de tels paroissiens.

Il est un autre bonheur dont je remercie Dieu, ce sont mes joies de famille. Je me vois entouré aujourd'hui par mes enfants, mes petits-enfants et par de nombreux parents que j'ai la grande joie de voir marcher dans la voie de la droiture et de la piété. — Mais à côté des joies il y a aussi les épreuves et j'envoie du haut de cette chaire une parole de sympathie à mes enfants de Félice, si éprouvés dans la personne de l'excellent pasteur d'Orthez.

On m'a laissé peu de chose à dire sur ma vocation au saint ministère. Mes premières impressions religieuses datent du *Réveil* et de mes rapports, chez M. Jean Monod père, avec ses fils MM. Adolphe et Guillaume Monod. En 1827, — j'avais alors douze ans, — je lus dans l'*Ami de la jeunesse* une biographie d'Oberlin, qui venait d'être appelé auprès de Dieu. Cette lecture fit naître en moi le premier désir d'être pasteur. Comme on l'a rappelé, ce ne fut qu'après un double stage à l'Ecole polytechnique et dans la maison de banque de mon père que je commençai mes études de théologie à Lausanne, où professait alors Alexandre Vinet. Après avoir terminé mes études à Strasbourg et m'être lié intimement avec la famille Legrand, du Ban-de-la-Roche, ce fut à Waldersbach, dans la paroisse d'Oberlin, que je prêchai mon premier sermon.

Après dix ans de ministère dans la paroisse rurale de Nauroy, je fus appelé à occuper, en 1851, la paroisse de Batignolles.

Je me félicite à double titre, après cinquante ans de ministère. J'aime à déclarer publiquement combien je suis heureux d'être pasteur et pasteur d'une paroisse comme celle-ci. La connaissance de la paroisse du Ban-de-la-Roche et l'exercice du ministère à la campagne sont pour beaucoup dans la manière dont je comprends une paroisse. Une paroisse est une sorte de personnalité morale, une commune spirituelle, où l'on réunit, dans un esprit de solidarité et de charité, ses expériences, ses efforts, ses aptitudes et les ressources dont on peut disposer en vue du soulagement de ceux qui souffrent et du progrès religieux de tous. La paroisse est un corps dont les paroissiens sont les membres et chaque membre doit y avoir sa fonction.

Je remercie tout spécialement les diacres de la paroisse, qui, par leur zèle et leurs sentiments chrétiens, sont un appui si précieux pour leurs pasteurs. Je remercie les jeunes gens de l'Eglise pour leur action à l'Ecole du dimanche et dans diverses œuvres de charité. Je les remercie en particulier de la peine qu'ils se sont donnée dans la charmante décoration du temple ; je sais quels efforts ils ont dû déployer pour trouver le temps d'accomplir ce labeur si bien couronné par le succès. Je tiens aussi à rendre témoignage à la collaboration si précieuse de M. Charles Picard, mon aide pendant près de quarante ans, que Dieu a rappelé à lui.

Je termine en appelant la bénédiction de Dieu sur cette chère paroisse et sur l'Eglise de Paris tout entière. — Les temps actuels sont sérieux. Ce n'est plus, comme il y a cinquante ans, contre l'indifférence qu'il faut agir. Des besoins spirituels se manifestent aujourd'hui sur bien des points de l'horizon, à la suite de l'absence de convictions morales et religieuses et de la lassitude des esprits qui ont tant attristé les dernières années. Que le Seigneur fasse de ses serviteurs des témoins fidèles et attentifs aux signes des temps.

Un dernier chant vient couronner cette belle réunion, le chant d'un cantique qui rappelle avec force les promesses divines : *Du Rocher de Jacob*. Une collecte est faite dans les rangs de l'assemblée pour les pauvres de Batignolles et pour ceux de Nauroy. Une dernière prière monte vers le ciel, la bénédiction est prononcée et l'assemblée s'écoule lentement, emportant de cette belle fête un souvenir ému et reconnaissant.

LE PRESBYTÈRE DE NAUROY

d'après une aquarelle de Mme Felix Vernes.

NAUROY

28 JUIN 1891

Un modeste presbytère en briques, recouvert d'ardoises,
pittoresquement entouré d'arbres, un village aux murs en
briques ou en terre, aux toits d'ardoise et de chaume, dans
une plaine légèrement ondulée, un temple en briques, avec
un clocher, et une cloche, qui date de 1842 et qui appelle les
fidèles à la prière ; dans ce presbytère un pasteur zélé et
actif, secondé par sa vaillante compagne, dans ces maisons,
à côté de la population catholique, quelques cultivateurs protestants, mais surtout des tisserands qui gagnent pénible-
ment trente sous par jour, dans ce temple un auditoire qui
écoute ardemment ce qu'on lui prêche, — voilà Nauroy. Joi-
gnez-y une salle de réunion pour la jeunesse, qui a organisé,
sous l'heureuse impulsion du pasteur, un orphéon protestant
et le dimanche de longues promenades ou des divertisse-
ments honnêtes, entremêlés de beaux chants qui réjouissent
et élèvent les âmes. Groupez autour de l'église centrale, à
de fort jolies distances, les annexes de Monbrehain, de Serain, qui ont fourni comme elle plusieurs pasteurs à nos
Eglises. Jetez un coup d'œil au-delà, vers Fresnoy-le-Grand,
Flavy-le-Martel, Chauny, La Fère, et vous aurez une idée
de la région que M. Louis Vernes, dans tout le feu de la
jeunesse, parcourait à cheval, il y a cinquante ans.

A Nauroy comme à Paris la fête a été favorisée par un
temps splendide. On interrogeait l'horizon du regard. Une
voiture paraît au loin ; elle approche. M. Louis Vernes en
descend avec son fidèle ami, M. le sénateur Malézieux, un
de ces hommes rares, qui ne se servent de leur influence

politique que pour faire du bien. Puis c'est M. le pasteur Monnier qui arrive à pied de Saint-Quentin ; on reconnaît à l'ardeur qui l'anime le petit neveu du maréchal Ney. Arrivent aussi M. Elie Quiévreux du Cateau, M. Aquilas Quiévreux de Saint-Quentin.

Le moment venu on se rend au Temple. Par une délicate attention les anciens catéchumènes de M. Vernes ont été groupés à droite et à gauche de la chaire ; il sont là au nombre de 42. On se sent en famille. De beaux chants alternent avec les prières et les discours. On entend successivement M. Cornet Auquier, pasteur de Nauroy, M. Edouard Monnier, président du Consistoire de Saint-Quentin, M. E. Quiévreux, M. Louis Vernes et M. Ch. Vernes. Nous n'avons pas entre les mains toutes les allocutions, mais un charmant récit de cette fête, dû à la plume de M. A. Quiévreux, comblera quelque peu cette lacune.

Après le service on se réunit dans la salle de musique et de lecture, où l'orphéon exécute de très beaux morceaux de musique religieuse. Le pasteur, au nom du troupeau, offre à M. Vernes une reproduction très exacte de la chaise de Calvin, telle qu'elle est conservée à Genève dans l'église de Saint-Pierre.

M. L. Vernes, remercie. Il tire sa montre de sa poche : « Mes paroissiens de Batignolles m'ont fait cadeau de ce chronomètre ; quand j'aurai bien employé mon temps en me réglant sur ses indications, je m'assiérai pour me reposer dans le *cadeau* (1) de Nauroy. »

Le soir encore réunion familière. Le lendemain course aux sources de l'Escaut, vieux souvenir du temps passé et visites aux protestants de Nauroy.

M. le pasteur Vernes est reparti emportant un bien bon souvenir de son ancienne paroisse et fort heureux de voir à quel point le pasteur qui la dirige est dévoué et apprécié.

(1) Cadeau dans le Nord signifie chaise.

TEMPLE DE NAUROY

Allocution de M. Cornet-Auquier.

Mes Frères,

C'est vers Dieu, qu'en ce jour de joie, nous élevons tout d'abord nos cœurs avec reconnaissance, car si nous sommes en fête, c'est à sa bonté que nous le devons. C'est lui, en effet, qui a appelé notre vénéré frère aux fonctions du ministère évangélique et qui lui a permis d'exercer jadis au milieu de cette Eglise et dans notre région un ministère actif et béni de dix années. C'est Dieu également, qui, pendant ces cinquante dernières années, n'a cessé de soutenir notre frère dans son étonnante activité, et lui a donné de faire ici et dans notre grande capitale un bien immense, au sujet duquel il y a de la joie même parmi les anges du ciel, car dans ce bien il faut comprendre, ne l'oublions pas, les nombreuses âmes que Dieu lui a donné d'amener au salut par Jésus-Christ. C'est encore Dieu qui a conservé notre frère à notre affection jusqu'à cette verte vieillesse où nous avons tous la joie de le voir aujourd'hui, et qui lui a inspiré, pour cette paroisse et pour ce village, l'inaltérable et généreux amour qu'il n'a cessé de leur témoigner depuis un demi-siècle.

Ce n'est donc pas pour rendre un culte à l'homme que nous sommes réunis dans ce temple. Jamais nous ne rendrons un culte quelconque à une créature, eût-elle accompli dans l'œuvre de Dieu les choses les plus merveilleuses. Nous ne rendons de culte qu'à Dieu, et si nous sommes en fête, si nous nous sommes donné rendez-vous dans ce temple, de toutes les parties de cette paroisse, c'est avant tout pour donner gloire à Dieu et pour lui rendre grâces pour tout le bien qu'il nous a fait et qu'il a fait ailleurs par le moyen de son fidèle serviteur, notre cher et vénéré frère.

Mais si c'est à Dieu que nous témoignons en premier lieu notre reconnaissance, nous n'oublions pas que cette reconnaissance nous la devons aussi à celui qui a été dans sa main l'instrument de tant de bénédictions, et nous sommes heureux de l'occasion qui nous est offerte de la lui exprimer publiquement. Merci, cher frère, pour tout le bien que vous n'avez cessé de faire à cette Eglise depuis un demi-siècle. Merci pour votre inaltérable affection pour elle. L'Eglise de Nauroy, croyez-le, n'oubliera jamais ce qu'elle vous doit. Elle n'oubliera pas votre inépuisable charité et votre dévouement à toute épreuve. Elle n'oubliera jamais non plus que grâce à vous elle a eu pendant plus de quarante ans son école confessionnelle, et que c'est encore à vous en partie qu'elle doit d'avoir un pasteur à sa tête.

L'exemple de votre inébranlable fidélité pour votre ancienne Eglise n'a pas été perdu pour ceux qui ont été appelés à vous y succéder. Pour ma part je puis vous dire que cet exemple a puissamment contribué à me retenir à Nauroy. Quand, aux prises ici avec des difficultés heureusement dissipées depuis longtemps, je reçus différents appels du dehors, la pensée de votre attachement quand même à cette Eglise vint se joindre en moi au sentiment du devoir et me décida à demeurer ferme au poste où Dieu m'avait placé.

Enfin, cher et vénéré frère, votre ancienne Eglise se glorifie à juste titre, de ce que, grâce à votre amour pour les âmes et à votre grande activité, c'est ici même à Nauroy qu'a été fondée, il y aura bientôt cinquante ans,

notre chère Société Chrétienne d'évangélisation du nord
de la France. Cette Société, dont vous avez été le plus
zélé fondateur, vous savez comment Dieu l'a bénie :
vingt-neuf nouvelles Eglises ont été fondées ou orga-
nisées par elle jusqu'à ce jour dans la région qu'elle s'est
assignée pour champ de travail, et avec l'aide de Dieu
ce n'est là qu'un début. Les membres actuels de notre
Société, stimulés par l'exemple de leurs prédécesseurs et
soutenus par le même Esprit de Dieu qui les anime, sont
bien décidés à ne se donner de repos que lorsque tous
les habitants de nos régions seront arrivés à la connaissance de la Vérité qui sauve, réjouit et console.

Je vous disais naguère, cher frère, qu'il en était un
peu de vous à Nauroy et dans votre ancienne paroisse,
comme d'Oberlin au Ban-de-la-Roche. Ce que je vous disais alors, je puis vous le répéter aujourd'hui avec plus de
certitude encore. Votre souvenir ne s'y effacera jamais.
Bien que nous ayons si rarement le bonheur de vous
voir, votre nom est un des premiers que prononcent les
enfants de notre Eglise, tant on parle souvent de vous
dans nos foyers. J'ajoute que ce nom, ils apprennent à
l'aimer en même temps qu'à le prononcer, car nous vous
portons dans nos cœurs, et c'est toujours avec la plus
vive affection que tous parlent de vous. La présence
dans ce temple de tant de frères de l'Eglise romaine vous
dit aussi quelle respectueuse sympathie éprouvent pour
vous ceux qui dans cette commune ne partagent pas nos
croyances. Ils n'oublient pas que votre générosité s'étend
à leurs malheureux aussi bien qu'aux nôtres, et que
chaque année vous remettez au bureau municipal de
bienfaisance une somme importante pour être distribuée
aux pauvres du village sans distinction de religion.

Votre souvenir restera même longtemps vivant dans

notre région, en dehors de cette commune et de cette Eglise. Un peu partout dans la contrée, mais principalement dans les Eglises que vous avez contribué à fonder, à Fresnoy-le-Grand et à Crèvecœur par exemple, plusieurs parlent encore de vous avec amour et bénissent Dieu qui leur a fait entendre par votre bouche la bonne nouvelle du salut en Jésus-Christ.

Cher frère, notre prière à tous en ce moment, c'est que Dieu qui vous a si abondamment béni et soutenu jusqu'à ce jour, continue à vous bénir de la même manière pendant de longues années encore. Qu'Il vous conserve en santé à l'affection de vos deux Eglises de Paris et de Nauroy, à celle de votre nombreuse famille et à celle de tous ceux qui vous connaissent. Qu'Il vous donne de travailler longtemps encore à l'avancement de son règne et au salut des âmes, en sorte que beaucoup soient encore amenées à la réconciliation avec lui par Jésus-Christ, et qu'ainsi votre couronne s'enrichisse de nombreux nouveaux fleurons. Que Dieu vous bénisse aussi dans votre famille, en répandant sur tous ses membres ses plus précieuses bénédictions matérielles et spirituelles.

Et à cette occasion, laissez-moi dire à ceux des vôtres qui nous ont fait le plaisir de vous accompagner, combien nous leur sommes reconnaissants de ce témoignage de sympathie et combien nous sommes heureux de les avoir au milieu de nous.

Votre souvenir, chère Madame et cher collègue, comme d'ailleurs celui de vos frères et sœurs, votre souvenir, dis-je, n'est pas effacé dans le cœur de ceux qui vous ont connus enfants. Parmi les anciens catéchumènes de votre père, rangés ici, à droite et à gauche de cette chaire, plusieurs parlent encore de vous comme

on parle de vieux camarades, en vous nommant fami-
lièrement par vos petits noms. C'est pour eux une fête
de vous revoir et c'en est une pour les plus jeunes de
faire votre connaissance. Quant à vous, Madame, eût-
on voulu vous oublier que cela eût été impossible. La
cloche, qui tout à l'heure annonçait si joyeusement notre
fête, eût rappelé à tous votre existence et votre nom.
Depuis le jour de votre baptème, cette cloche « Lisa-
beth », comme on l'appelle à Nauroy, convie en effet
chaque dimanche les membres de cette Eglise à venir
dans ce temple adorer, et prier leur Père qui est au ciel.
— Encore une fois, merci d'être venus nous voir.

Et maintenant, à vous aussi, mes chers paroissiens,
je tiens à adresser quelques paroles avant de descendre
de cette chaire. Ce jour est pour vous un jour de fête :
vous êtes heureux de revoir votre ancien pasteur : votre
cœur, en ce moment plus que jamais est rempli pour lui,
je le sais, de la plus vive affection. Je n'en veux d'autre
preuve que la joie avec laquelle vous avez tous accueilli
l'idée de cette fête de famille, et l'impatience avec laquelle
vous avez attendu ce jour. Vous bénissez Dieu d'avoir
encore une fois ramené au milieu de vous celui que
vous aimez comme un père. Eh bien, je vous demande
de prouver à Dieu votre reconnaissance en vous efforçant de tout votre cœur de vivre comme des rachetés de
Jésus-Christ. La paix règne aujourd'hui entre vous ;
faites en sorte qu'elle ne soit plus jamais rompue.
Aimez-vous les uns les autres, comme Christ vous a
aimés, c'est-à-dire d'un amour vrai et qui se montre.
Sachez que l'amour est le premier signe auquel on doit
reconnaitre les disciples du Sauveur. « C'est à ceci que
tous reconnaîtront que vous êtes mes disciples, a-t-il dit
lui-même, si vous avez de l'amour les uns pour les

autres. » Donnez donc au monde l'exemple de l'union et de l'amour. Que l'on puisse dire de vous comme des premiers chrétiens : « Voyez comme ils s'aiment, ils ne sont qu'un cœur et qu'une âme. » Donnez-lui aussi l'exemple de la sainteté. Que votre foi soit agissante par l'amour. Que la lumière de vos bonnes œuvres luise devant les hommes afin qu'ils glorifient votre Père qui est dans le ciel. Brillez dans le monde comme des flambeaux par votre justice, par votre droiture, par la pureté de vos mœurs, par la vérité de vos paroles, par votre passion pour tout ce qui est juste, noble et généreux. Dans ce monde de péché où nous vivons, tout chrétien, par la sainteté de sa vie, doit produire sur ceux qui l'entourent l'irrésistible attrait que produirait la lumière sur des hommes qui auraient jusque-là vécu dans les ténèbres.

Et à ce sujet, permettez-moi un souvenir personnel par lequel je terminerai. Il y a aujourd'hui même deux ans, je visitais, en compagnie de quelques amis, les célèbres grottes de Han. Nous venions de traverser la dernière des splendides salles qu'elles renferment et nous nous étions embarqués sur un lac souterrain. Nos guides avaient éteint toutes les lampes et nous naviguions dans une obscurité absolue. Rien n'était saisississant comme ces ténèbres. Chacun se taisait, nous retenions notre souffle et l'on n'entendait plus que le léger bruit des rames frappant l'eau en cadence. Nous fîmes ainsi quelques centaines de mètres, confiants dans nos guides et pourtant saisis d'un indéfinissable sentiment de crainte. Tout à coup, notre barque tourna dans l'ombre et nous aperçûmes à quelque deux cents mètres devant nous, donnant sur de vastes rochers, une lumière d'une incomparable douceur, pareille à celle que pourrait donner un rayon de lune pénétrant par une crevasse jusqu'aux entrailles de la terre. Un cri d'admiration sortit de toutes les poitrines, nous nous levâmes comme mus par un même ressort, puis dans un silence recueilli et ému nous navigâmes vers cet endroit.

Eh bien, mes frères, cette impression que nous reçûmes tous, quand du sein des ténèbres où nous étions plongés nous aperçûmes cette douce lumière, et cet irrésistible attrait qu'elle exerça sur nous, il faut que tous, par la sainteté de notre vie, nous les produisions moralement sur ceux qui nous entourent. Ce sera là la meilleure manière d'attirer à notre Dieu Sauveur et au salut ceux qui s'en tiennent éloignés parce qu'ils ne les connaissent pas ou parce qu'ils les connaissent mal. Ce sera aussi pour vous, mes frères, la meilleure manière de témoigner votre reconnaissance à votre ancien pasteur et à vos conducteurs spirituels en général. « Je n'ai pas de plus grande joie que d'apprendre que mes enfants marchent dans la vérité, disait saint Paul ». Ce langage, nous pouvons, mes frères, le tenir également, car nous vous aimons, nous le sentons, de cet amour que nous éprouvons pour nos propres enfants. Nous n'avons pas de plus grande joie que de vous voir vivre selon l'Evangile que nous vous prêchons. Vivre ainsi ce sera surtout pour vous la meilleure manière de témoigner à Dieu l'amour et la reconnaissance que vous lui devez pour le salut que Christ vous a acquis par sa mort et pour l'immense privilège qu'il vous a accordé en vous appelant à la connaissance de la Vérité.

Ainsi soit-il !

Allocution de M. Monnier.

Mes Chers Frères,

C'est bien sincèrement que je m'associe aux actions de grâces qu'en ce jour nous présentons à Dieu pour le long et fructueux ministère de M. Vernes.

J'ai d'autant plus à le faire que moi aussi je suis à bien des égards un de ses successeurs: dans les divers postes que j'ai occupés pendant un ministère qui compte déjà trente-huit années, je me suis trouvé partout avoir à continuer des œuvres dont M. Vernes avait eu la première initiative.

C'est à Fresnoy-le-Grand que j'ai débuté dans le ministère. Cette église, alors récemment sortie du catholicisme, était due à l'activité du pasteur de Nauroy, que des ouvriers de Fresnoy, appelés par leur travail à Montbrehain, une des annexes de cette Eglise, étaient venus entendre. Ils lui demandèrent de tenir des réunions dans leur village. Il se rendit à cet appel, et c'est ainsi qu'après bien des difficultés fut fondée cette nouvelle église.

Après quelques années j'ai été appelé à être le premier pasteur de Belleville. Cette ville ne faisait pas encore partie de Paris, elle était rattachée à la paroisse de Batignolles, et c'est M. Vernes qui y avait découvert des protestants, établi un culte et une école et qui avait pris toutes les mesures nécessaires pour qu'un pasteur pût y être placé.

J'ai ensuite été appelé à Saint-Quentin; là encore, comme président du Consistoire, j'ai succédé à M. Vernes dans une charge qu'il avait occupée; puis j'y ai trouvé un grand nombre de ses anciens paroissiens qui sont devenus les miens, et j'ai eu à m'occuper bien souvent de l'Eglise de Nauroy et à la visiter ainsi que ses annexes. Mais surtout j'ai eu à consacrer toute une partie de mon activité à une grande et belle œuvre dont M. Vernes a été le fondateur et le premier directeur. Je veux parler de la Société Chrétienne du Nord, fondée, il y a près de cinquante ans, à Nauroy. A cette époque le nombre de nos églises était bien moins grand que maintenant; nos coreligionnaires, disséminés en dehors du rayon d'action des pasteurs, étaient bien délaissés et le plus grand nombre se perdait peu à peu dans la masse catholique. C'est alors qu'à Bordeaux quelques amis de l'Evangile fondèrent une Société pour l'évangélisation des disséminés, et que M. Vernes prit l'initiative d'en créer une pour le Nord de la France. Il en a été pendant plusieurs années la cheville ouvrière, et ensuite, quand il a quitté la région pour aller à Batignolles, il a organisé la Société Centrale d'Evangélisation, qui étend maintenant son action sur toute la France et qui a contribué puissamment au développement de notre Eglise et à la propagation de l'Evangile. La Société du Nord est devenue une des branches de cette grande œuvre et, depuis trente-deux ans que je participe à sa direction, je vois mieux d'année en année combien elle était nécessaire et combien nous devons de reconnaissance à son fondateur. C'est donc du fond du cœur que nous le remercions de tout ce qu'il a fait pour l'évangélisation de ce pays et que nous rendons grâces à Dieu qui l'a soutenu pendant tant d'années; nous lui demandons de conserver encore longtemps à son Eglise un ministère dont les fruits sont si abondants et si visiblement bénis.

Allocution de M. Elie Quiévreux.

Cher Monsieur Vernes,

C'est pour moi une grande joie de prendre part à cette fête, et j'y viens remplir un devoir de reconnaissance.

Je ne puis oublier que, tout jeune encore, mon père sur son lit de mort me confiait à vos soins et que vous avez été pour moi un véritable père spirituel.

J'ai eu le privilège d'être votre catéchumène, et vos leçons ont contribué à développer et à affermir la vocation que je sentais déjà naître. Vous avez guidé mes premières études et vous avez toujours été pour moi un conseiller sûr et bienveillant; c'est vous enfin qui m'avez introduit dans le ministère évangélique.

Vous avez la joie de vous trouver entouré en ce moment d'un bon nombre de vos anciens catéchumènes; ils sont venus de tous les points de cette grande paroisse pour vous dire qu'ils se souviennent toujours de leur ancien pasteur. Je suis heureux d'être leur interprète et de vous assurer que nous n'avons oublié ni vos leçons, ni vos sages conseils.

Mais je veux être aussi l'interprète des fidèles de votre ancienne annexe de Serain; eux non plus n'ont pas oublié ce que vous avez fait pour ce petit troupeau. Quand vous êtes arrivé à Nauroy, il n'y avait dans cette annexe, pour tout lieu de culte, qu'une bien modeste salle. Vous vous êtes mis aussitôt à l'œuvre pour lui bâtir une maison de prière; mon père vous a offert le terrain et vous avez trouvé l'argent nécessaire pour élever un temple.

Votre ministère a été béni au sein de cette Eglise; quelle affection du troupeau pour son pasteur! Beaucoup de membres d'alors ont échangé leur demeure terrestre contre la demeure céleste, mais les enfants et petits-enfants venus en grand nombre à cette fête vous disent combien votre souvenir est encore vivant et précieux au milieu d'eux. Quatre pasteurs sont sortis de cette Eglise: tous auraient désiré être ici aujourd'hui et célébrer avec vous cette fête; deux seulement ont pu s'y rendre, les deux autres y sont représentés par leur père.

Cette influence de votre ministère s'est exercée non seulement sur les membres de votre troupeau, mais aussi sur les personnes étrangères à notre confession. Aujourd'hui encore on rappelle dans notre contrée les services que vous avez rendus, cette bienveillance et cette charité que vous avez exercées à l'égard de tous indistinctement.

C'est dans la paix que vous avez semé et Dieu a accordé une belle moisson à ce ministère de paix commencé à Nauroy, continué à Batignolles et au sein du Consistoire de Paris.

Puissiez-vous exercer encore longtemps votre ministère pour le bien de votre Eglise et de ce Consistoire de Paris où votre influence est si justement appréciée.

DEUX RÉCITS TRÈS VIVANTS

Extrait de *Evangile et Liberté* du 29 mai 1891 :

LE CINQUANTENAIRE DE M. LE PASTEUR L. VERNES

La paroisse des Batignolles a célébré hier après-midi, à 3 heures, le cinquantenaire de l'activité pastorale de son pasteur, M. L. Vernes, président du Consistoire de Paris. Tandis que le temple, qui n'est pas très vaste, s'emplissait et débordait, ainsi que ses dépendances, un grand nombre de pasteurs, collègues et amis de M. L. V., se réunissaient à la sacristie, les uns en robe, d'autres, la majorité, en costume laïque. Portant gaillardement ses 76 ans, droit comme un peuplier et remuant comme lui, impatient de commencer à l'heure dite, suivant son habitude, rare ici, constante chez lui, le digne jubilaire a d'abord reçu un album renfermant les signatures de tous les membres de la paroisse, puis un beau chronomètre « symbole, lui a-t-on dit, de la méthode et de la précision avec lesquelles il a toujours employé ses heures et jusqu'à ses minutes. » M. L. V. est en effet devenu légendaire par son exactitude et sa précision dans les affaires. La remise de ces dons de la paroisse s'est faite sans apprêts et fort lestement. M. L. V. est un homme d'affaires, et il a formé à son image ses auxiliaires.

Enfin, un peu après 3 heures, on lui permet d'entrer dans le temple ; les assistants se lèvent ; les murs, la chaire, le pupitre du lecteur, tout est décoré de fleurs, de banderoles ; des cartouches de fleurs portent les dates 1841-1891, ou les mots : Foi, espérance, charité, travail, reconnaissance, etc., qui expriment bien les qualités et les vertus chrétiennes, ainsi que les sentiments et de la paroisse et de son pasteur.

Après un chœur et une prière (M. le pasteur de Visme), M. le pasteur Ch. Vernes, qui a le grand bonheur de présider à la commémoration du 50e anniversaire de l'entrée de son père dans le ministère et le doux honneur d'être son collègue dans la paroisse des Batignolles, raconte simplement et sobrement la carrière du jubilaire : C'est le 23 mai 1841 qu'il a prêché pour la première fois dans ce temple. Il revenait de Strasbourg, où il avait été soutenir sa thèse, après avoir fait ses études à Lausanne sous Vinet. Nommé en 1841 pasteur à Nauroy (Aisne), il y faisait parfois ses seize lieues par jour à cheval. Il y resta dix ans. Il fut installé le 4 mai 1851 à Batignolles, alors hors de Paris. Il a été aidé par sa première, puis par sa seconde femme, deux chrétiennes de mérite. Les paroisses de Belleville, de Passy sont les filles de celle des Batignolles. Celle de l'Étoile y fut rattachée.

M. Fines, un diacre, lit un travail beaucoup plus complet sur l'infatigable activité de M L. V. à Nauroy ou à Paris. Il mentionne la Société Centrale, le groupe scolaire et l'orphelinat de la rue Clairaut, la cure d'âmes, le soin des pauvres, l'organisation modèle de la vie de la paroisse aux Batignolles, la coopération dans les ambulances en 1870, et d'autres objets ou fruits du ministère de M. L. V. Il rappelle comment la vocation de M. L. V. au ministère s'est montrée et conservée malgré des épreuves : « Lisant à l'âge de 12 ans dans l'*Ami de la jeunesse* une biographie d'Oberlin, il se dit : « Je serai pasteur. » Son père, voulant s'assurer de la réalité de cette vocation, lui imposa de passer par l'École polytechnique, où il tint un bon rang, puis un nouveau stage de dix-huit mois dans la maison de banque si honorablement connue de la famille Vernes. Sa vocation persista. Chose curieuse, M. L. V. a prêché son premier sermon à Waldersbach, dans la paroisse de cet Oberlin qui avait été l'idéal de ses douze ans. La Consistoriale de Saint-Quentin a donné 36 pasteurs ou missionnaires, dont 14 sont nés à Nauroy : cela en dit long sur l'esprit dont M. L. V. a pénétré sa première paroisse, et qu'il a apporté dans sa seconde, où il est vénéré et aimé comme un père. »

Un jeune homme récite avec chaleur un compliment en vers à M. L. V. Le chœur chante le psaume 118, chanté à l'installation de M. L. V. à Nauroy, il y a cinquante ans. La présence d'un membre d'alors de cette église eût donné à la fête un cachet touchant ; peut-être n'en est-il plus, qui soit contemporain de l'arrivée de M. L. V. à Nauroy ! Il y ira lui-même dans quinze jours.

M le pasteur Dhombres monte ou plutôt est conduit en chaire. Ah ! la belle chose que l'éloquence ! M. D. ne dit rien qu'on n'ait déjà dit ; mais il dramatise, il renouvelle tout cela. Au nom du Consistoire de l'Église de Paris, il vante la droiture et l'impartialité avec lesquelles M. L. V. a exercé ses hautes fonctions de président de ce corps pendant les vingt années où il a été appelé par des réélections successives ; il rend hommage à la dignité et la fermeté de M. L. V. dans ses rapports avec les autorités, et voit une preuve de l'égalité et de la fraternité de toutes les églises de la Consistoriale dans le fait que c'est le pasteur de l'une des paroisses les moins riches, qui est le président du corps qui les gouverne toutes.

Encore un discours, un chœur de circonstance, puis M. le pasteur Lorriaux, avec une bonhomie spirituelle, simple et cordiale, qui sans lui auraient peut-être manqué à cette sérieuse réunion, parle de la cordialité, de la simplicité de M. L. V., de ses services rendus à la Société centrale et à l'école préparatoire théologique des Batignolles. Un trait qui peint l'homme et le pasteur. M. L. V. avait à Nauroy une maison dont tout le monde voulait être locataire, parce que le propriétaire oubliait régulièrement de réclamer le loyer au terme. Cela donnait lieu à des jalousies. Pour mettre d'accord tous les postulants, M. L. V. fit démolir la maison. Cela les mettait sur le pavé, aussi il eut à pourvoir à bien des quittances de loyer.

M. L. V. s'échappe du fauteuil où, pendant près de deux heures, sa modestie et sa vivacité ont dû souffrir, tandis que son cœur cependant a dû bénir Dieu de tant de grâces qui lui étaient rappelées, du respect affectueux qui lui était témoigné, et jouir du bonheur que tous avaient à fêter cet anniversaire. Il monte à son tour en chaire : il a bientôt dominé son émotion : « Je suis étonné de tout ce qu'on m'a dit que j'ai fait. J'en suis humilié. J'éprouve le besoin de me consacrer de nouveau à Dieu. Je suis reconnaissant. Je suis un enfant du premier réveil, du réveil d'avant 1830 : j'ai été élevé à l'école des Adolphe et des Guillaume Monod. Heureux pasteur d'une heureuse paroisse, me dit un jour Adolphe Monod aux Batignolles. C'est vrai. J'ai été heureux aussi avec mes enfants et petits-enfants selon la chair, comme avec mes enfants spirituels ; qu'ils soient tous des enfants selon l'Esprit. » M. L. V. a terminé la cérémonie par l'oraison dominicale et la bénédiction.

Sans doute, il a eu des épreuves et comme pasteur et comme homme ; cependant l'impression qu'on a emportée de lui et de cette réunion c'est bien celle qu'avait déjà eue Ad. Monod : Heureux pasteur d'une heureuse paroisse !

Extrait de l'*Église chrétienne* du 10 juillet 1891 :

Nauroy. — Une véritable fête de famille réunissait dimanche dernier tous les fidèles de cette Église et des annexes de Montbrehain et de Serain. Il y a cinquante ans que le Président du Consistoire de Paris, M. le pasteur Louis Vernes, commençait son ministère dans cette paroisse de campagne, où il est resté dix ans. Sous l'inspiration du pasteur actuel, M. Cornet-Auquier, les anciens paroissiens de M. Vernes et les enfants de ses anciens paroissiens, avaient rappelé au milieu d'eux leur vieux pasteur toujours aimé et célébraient son cinquantenaire. M. Vernes était venu avec son fils, M. le pasteur Charles Vernes, né à Nauroy, qui avait eu l'aimable attention d'amener avec lui Mme Charles Vernes et leur fille, Mlle Adèle Vernes, et avec sa fille, Mme Bruneton, née aussi à Nauroy. Un vieil ami de M. Vernes, M. le sénateur Malézieux, assistait aussi à la fête. M. Auquier avait invité le Président du Consistoire, M. le pasteur Monnier, qui était venu de Saint-Quentin, les anciens pasteurs de Nauroy et les pasteurs nés dans la paroisse : deux d'entre eux, MM. E. Quiévreux du Cateau et A. Quiévreux de Saint-Quentin, avaient pu se rendre à l'invitation. C'était, je l'ai dit déjà, une fête de famille : joyeuse parce que de nouveau tous étaient réunis et qu'on rappelait de bons et fortifiants souvenirs; mélancolique aussi comme toute réunion de ce genre, où l'on aperçoit mieux les places vides et l'on se souvient de ceux qui sont partis. Chacun des pasteurs présents a remercié Dieu des bénédictions qu'il nous a accordées par le ministère de M. Vernes; ministère béni certainement, puisqu'il a laissé dans les cœurs un si profond souvenir, puisque de cette petite paroisse de Nauroy sont sortis depuis ce temps dix pasteurs, dont huit sont encore à l'œuvre, et un missionnaire mort en terre lointaine (1), puisque beaucoup d'âmes ont été consolées et fortifiées et plusieurs sont passées de la mort à la vie, en même temps que tant de misères étaient soulagées ; ministère béni aussi, bien au-delà des limites de la paroisse, car c'est à Nauroy qu'a été fondée, par l'initiative de M. Vernes, en 1844, la *Société Chrétienne du Nord*, qui fut avec la *Société Chrétienne protestante de Bordeaux*, la racine de la *Société Centrale*. M. Vernes, d'un accent ému et paternel, adresse à ceux qu'il appelle encore « ses paroissiens » quelques exhortations, les dernières dit-il (mais nous espérons bien qu'elles ne seront point les dernières) et nous donne à tous rendez-vous Là-Haut. La fête avait duré deux heures au temple, l'auditoire ne se lassant point de chanter et d'écouter. Elle se prolonge après la sortie dans une salle voisine, où M. Auquier offre à M. Vernes, au nom de la paroisse, une reproduction de la chaise de Calvin à Genève, et la musique de Nauroy exécute quelques airs. Elle se termine trop tôt par un repas de famille chez M. et Mme Auquier. Inutile de dire les nombreux toasts. Je retiens pourtant celui de M. Vernes : « Il fait bon vivre ! » C'est la récompense que Dieu accorde parfois dès ici-bas à ceux qui ont fait sa volonté ; la joie d'une vie donnée tout entière à son service. Ceux qui désirent ce bonheur le trouveront certainement sur ce chemin, quelles que soient d'ailleurs les épreuves de leur vie. et c'est là seulement qu'il peut se trouver.

(1) M. Louis Cochet, missionnaire, né à Monbrehain, mort à Béthesda en 1876; les pasteurs Delbart, né à Montbrehain, mort à l'île de Ré en 1886: Irénée Cochet, né à Nauroy, mort à Alger en 1882; Erasme Cochet, né à Montbrehain, mort à Laroche-Chalaes; Elie Quiévreux, né à Serain, pasteur au Cateau: Elisée Lacheret, né à Serain, pasteur à La Haye; Emile Bas, de Nauroy, past. à Monneaux: Samuel Lacheret, né à Serain, pasteur à Arras; Maurice Bas, de Nauroy, pasteur à Besançon; Aquilas Quiévreux, né à Serain, past. à St-Quentin; Ch. Vernes, né à Nauroy, past. à Paris.

TABLE

Paris. — Imp. Maréchal et Montorier (J. Montorier, Sr), 16, passage des Petites-Écuries.

www.ingramcontent.com/pod-product-compliance
Ingram Content Group UK Ltd.
Pitfield, Milton Keynes, MK11 3LW, UK
UKHW022125170726
13837UKWH00003B/1366